Arwed Vogel

Begleitmaterial: Das Netz vergisst dich nie

Arbeitsblätter zum Thema Internet und Privatsphäre

PERSEN

Der Autor

Arwed Vogel arbeitet als freier Autor und ist erfahrener Dozent für kreatives Schreiben an Gymnasien und an der LMU München.

Gedruckt auf umweltbewusst gefertigtem, chlorfrei gebleichtem und alterungsbeständigem Papier.

1. Auflage 2019

Coverfoto: filins – AdobeStock _244876039
Illustration: Satzpunkt Ursula Ewert GmbH, Bayreuth
Satz: Satzpunkt Ursula Ewert GmbH, Bayreuth

ISBN: 978-3-403-20534-0

www.persen.de

Vorwort

Nahezu alle Jugendlichen und ein Großteil der Kinder besitzen heute Smartphones und haben dadurch mehr oder weniger ungehinderten Zugang zum Internet. Sie fotografieren, nehmen Videos auf, nutzen Messenger-Dienste und sind in sozialen Netzwerken aktiv.

So kreativ diese Tätigkeiten auf der einen Seite sind und ein Verständnis für technische Abläufe und digitale Prozesse fördern, so problematisch erweisen sich die Risiken, die dadurch entstehen.

Zwar werden Jugendliche heute als Digital Natives bezeichnet, schaut man aber genauer hin, so ist das Verständnis technischer Abläufe oft auf vereinfachte Benutzeroberflächen beschränkt und es fehlt der Blick für die Konsequenzen, die digitales Handeln und Fehlverhalten haben können.

Urheberrecht, das Recht am eigenen Bild, Datenschutz und Selbstdatenschutz sind vier Problemfelder, zu denen sich die Leichtfertigkeit gesellt, mit der unbedachte Äußerungen und Kommentare in Mobbingstrukturen münden können. Die gleichzeitig persönliche wie unpersönliche Kommunikation auf Messenger-Diensten baut Hemmungen gegenüber anderen Menschen ab und führt zu einem Verhalten, das im persönlichen Gespräch wohl anders aussähe.

Weitere Themen, wie die Veränderungen des Selbstbildes durch den Willen, sich positiv auf Plattformen wie Instagram darzustellen, gesundheitliche Folgen durch häufige Nutzung, Kostenfallen und ungewünschte Kontaktaufnahme von Erwachsenen, ergänzen das Spektrum der Probleme, denen Jugendliche, aber auch Erwachsene, Eltern wie Lehrer nicht hilflos, aber oft verunsichert gegenüberstehen.

Die neuen digitalen Kommunikationswege, Plattformen und Spiele stellen jedoch die Lebenswelt der Schüler dar, die gegen Einmischungen von außen und zeitliche Beschränkungen vehement verteidigt wird.

Die Frage, was Kinder und Jugendliche in der digitalen Welt dürfen sollten und wie sie sich dort zu verhalten haben, ist zu einer wesentlichen Erziehungsaufgabe von Eltern geworden. Die Medienpädagogik spielt deswegen in der Schule eine zunehmend wichtigere Rolle, da im Zeitalter der Digitalisierung der Schulen Geräte wie Tablets und Smartphones wie auch die Internetnutzung zu einem Teil des Unterrichts werden. Verhaltensregeln, die zu einem gesetzlich und moralisch korrekten Verhalten führen, sind notwendiger denn je.

Im Mittelpunkt des Lektürebands und der Arbeitsblätter steht das Problem der Selbstdarstellung und der Identitätssuche von Jugendlichen, die sich an medialen Vorbildern orientieren und ihr Selbstbild nach ihnen ausrichten. Daraus resultiert in zunehmendem Maße „Sexting“, das Versenden von erotischen Fotos unter Jugendlichen. Es kann zu Mobbing oder sogar Erpressung führen, wenn die Fotos in falsche Hände geraten oder mit ihnen unverantwortlich umgegangen wird. Des Weiteren wird das unzulässige Posten von Videos mit peinlichen Inhalten hervorgehoben. Inhaltlich orientieren sich Lektüreband und Arbeitsblätter an zwei der wesentlichsten Themen von Jugendlichen: Freundschaft und Liebe. Eine weitere Rolle spielt

Homosexualität und es wird gezeigt, wie sich Ausgrenzung und Diskriminierung mit den Problemen der Digitalisierung verknüpfen.

Die Arbeitsblätter bilden eine Mischung aus Fragen zum Textverständnis, kreativen Schreibaufgaben und medienpädagogischem Wissen, das zur Grundlage von Diskussionen in der Klasse werden soll. Vorschriften zum Urheber- und Persönlichkeitsrecht wurden in einen Kontext gestellt, den Jugendliche nachvollziehen können.

Die eigene Nutzung digitaler Geräte und das Verhalten gegenüber Mitschülern werden reflektiert und diskutiert. Rückgriffe auf analoge Techniken wie das Briefeschreiben und Überlegungen zu Möglichkeiten, seine Lebenszeit sinnvoller zu nutzen als mit sozialen Netzwerken, ergänzen die Fragen. Immer wieder werden die Schüler aufgefordert, nicht nur das Geschehen zu reflektieren und zu bewerten, sondern eigene Lösungsmöglichkeiten zu erarbeiten, mit denen sich Auswege aus komplexen sozialen Situationen finden lassen, in die der unüberlegte Umgang mit digitalen Geräten geführt hat.

So sollen die Arbeitsblätter anregen, Verantwortung für das eigene Handeln zu übernehmen, aber auch Hilfe zu finden und anzunehmen. Medienkompetentes Handeln führt dann dazu, dass die kreativen Potenziale der neuen Medien ohne Angst genutzt werden können.

Mein Dank gilt allen Menschen und Institutionen, die sich mit der Erforschung der Wirkung von neuen Medien beschäftigen und sie verbreiten, insbesondere der „Bayerischen Landeszentrale für neue Medien“ und „klicksafe“, auf deren Erkenntnissen die medienpädagogischen Aufgaben in diesem Band aufbauen.

Arwed Vogel

Fast jeder Jugendliche hat ein Smartphone. Aber wozu braucht man das eigentlich?

1 **Was schätzt du, wie viele Stunden nutzt du täglich dein Smartphone?**

__________ Stunden

2 **Ursprünglich diente ein Handy dazu, zu telefonieren. Wozu benutzt du dein Smartphone noch?**

____

____

____

3 **Stelle mit einem Tortendiagramm dar, für welche Tätigkeiten du dein Smartphone wie lange nutzt.**

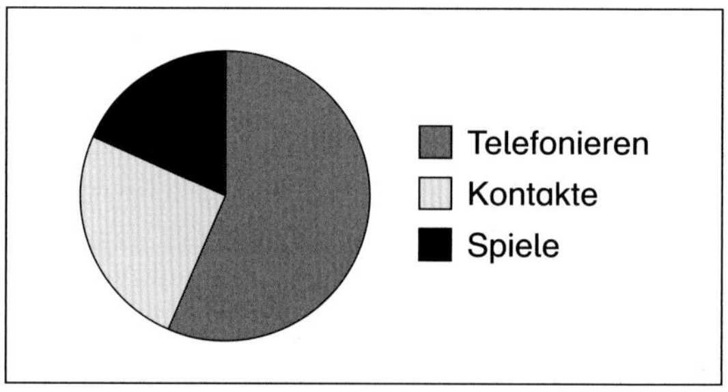

____

____

____

____

____

4 **Vergleicht eure Diagramme. Welche Übereinstimmungen und Unterschiede gibt es? Gibt es Unterschiede zwischen Mädchen und Jungen?**

5 **Was glaubst du, wie viele Stunden am Tag sind Jugendliche durchschnittlich online?**

- ☐ 1–2 Stunden
- ☐ 2–3 Stunden
- ☐ 4–5 Stunden

Sehr häufig nutzen Jugendliche das Smartphone weniger zum Telefonieren und mehr für soziale Medien wie WhatsApp oder Instagram.

sich orientieren • online veröffentlichen • sich austauschen • Messenger • Beziehungen mit anderen • Wikis • soziale Netzwerke • Sammelbegriff für digitale Angebote • eigene Inhalte wie Fotos, Bilder und Videos • sich selbst darstellen • Blogs

1 **Was ist mit dem Begriff „soziale Medien" gemeint? Schreibe eine Definition und benutze dazu die Stichpunkte aus dem Kasten.**

____

____

____

2 **Wozu werden soziale Medien genutzt?**

____

____

____

3 **Welche Vorteile und welche Nachteile hat es, über Social Media Kontakt zu seinen Freunden zu halten?**

Vorteile	Nachteile

Freund • Verräter • Mitschüler/-in • Kumpan • Gegner • beste/-r Freund/-in • Komplize • Feind • Gegenspieler • Neffe

1 **a) Sortiere die Begriffe aus, die nicht dazugehören. Schreibe dann eine Liste, in der du die Begriffe der Reihe nach ordnest.**

b) Mit welchem Begriff würdest du den Menschen bezeichnen, den du am wenigsten magst, und mit welchem Begriff den, den du am meisten magst? Notiere zu jedem Begriff zwei Stichpunkte, was du dir darunter vorstellst.

2 **Erkläre, was mit folgendem Satz gemeint ist:**

„Freundschaft, das ist eine Seele in zwei Körpern“ (Aristoteles)

____

____

____

3 **Im ersten Kapitel lernst du gleich eine Reihe von Jungen und Mädchen kennen, die alle auf dieselbe Schule gehen. Welche Beziehungen haben sie zueinander? Schreibe zu jeder der Beziehungen einen Satz.**

Alina – Tom ______________________________

Flo – Luke ______________________________

Luke – Tom ______________________________

Grit – Hannah ______________________________

Hannah – Alina ______________________________

Grit – Alina ______________________________

4 **Grit ist neu in der Klasse. Beschreibe in zwei Sätzen ihr Verhalten und bewerte es.**

____

____

5 **Gibt es Unterschiede zwischen einem Social-Media-Freund und einem richtigen Freund aus deiner Klasse oder Nachbarschaft? Nenne drei.**

____

____

____

1 **Welche Unterschiede gibt es zwischen Liebe und Freundschaft? Nenne drei.**

2 **Warum schickt Alina Tom Fotos von sich, die niemand anders sehen soll? Erkläre ihr Verhalten.**

3 **Ist das der richtige Weg, Tom ihre Liebe zu zeigen?**

dafür	dagegen

4 **Was kann Alina sonst noch tun, um Tom zu zeigen, dass sie ihn mag und in ihn verliebt ist? Notiere in Stichpunkten.**

1 **Was bedeutet Sexting? Suche die richtigen Begriffe heraus und schreibe eine Definition.**

Universität • Gangster-Rap • Nacktbilder • versenden von Fotos und Videos • Computerspiel • Smartphone oder Computer • erotische Aufnahmen • Badehose, Bikini, Unterwäsche • Filmstudio in Hollywood

2 **Was können negative Folgen von Sexting sein?**

3 **Was sollte Tom tun, wenn ihm ungewollt Sexting-Bilder zugeschickt werden? Diskutiert die folgenden drei Möglichkeiten:**

- Tom stellt die Bilder sofort in den Klassenchat, um zu zeigen, was für ein tolles Mädchen in ihn verliebt ist.
- Tom löscht die Bilder und spricht nicht mehr mit Alina, um nicht wieder solche Bilder zu bekommen.
- Tom informiert die Polizei, denn Alina ist noch nicht 18.

Überlegt gemeinsam, welche weiteren Möglichkeiten es für Tom gäbe.

4 **Denkfrage: Macht sich Alina strafbar, indem sie diese Aufnahmen von sich versendet?**

1 **Warum ist Alina wütend? Beschreibe ihre Gefühle und fasse die Gründe zusammen, warum sie die Bilder von der Party postet.**

____

____

____

2 **Alina postet die Bilder der Jungen ohne Einwilligung, sogar gegen den Willen von Luke. Kreuze an, was richtig oder falsch ist:**

	richtig	falsch
Das Verhalten der drei ist so unerträglich, dass es die ganze Welt sehen muss.	☐	☐
Eine Party ist öffentlich, deswegen hat man das Recht, Bilder davon zu posten.	☐	☐
Alina hätte die Aufnahmen heimlich machen müssen, dann wäre es erlaubt, sie zu posten.	☐	☐
Um Aufnahmen zu posten, braucht sie die Einwilligung von denen, die aufgenommen worden sind.	☐	☐
Luke hat unrecht: Man darf niemandem verbieten, seine Bilder zu veröffentlichen.	☐	☐
Alina hätte die Bilder aufnehmen, aber nicht veröffentlichen dürfen.	☐	☐
Wenn Alina die Bilder in einem Profil veröffentlicht, das nur von ihren Freunden eingesehen werden kann, ist es erlaubt.	☐	☐

3 a) **Flo ist jünger als Tom und Luke. Muss Alina die Eltern von Flo um Erlaubnis fragen, um die Bilder zu veröffentlichen? Finde heraus, wie alt Flo ist, und recherchiere, ob Alina die Eltern und/oder Flo fragen muss.**

Alter: __________ Jahre. Sie muss ______________________________ fragen.

b) **Was wäre, wenn Flo jünger oder älter wäre?**

Alter: 12 Jahre. Sie muss ______________________________ fragen.

Alter: 16 Jahre. Sie muss ______________________________ fragen.

4 a) **Wie beurteilst du Toms Verhalten gegenüber Alina? Schreibe einen kurzen Dialog (Gespräch) zwischen den beiden, in dem es um die Bilder geht.**

Sammle erst Ideen: Was könnte Tom zu Alina sagen? Was würde Alina antworten?

Beschreibe dann die Situation, in der der Dialog stattfindet (genaue Ortsangabe, Zeitpunkt) und füge eine Regieanweisung hinzu, d. h., ergänze die einzelnen gesprochenen Sätze mit Anweisungen für Lautstärke und Betonung und beschreibe, was Alina oder Tom dabei tun (Bewegung, Körpersprache, Mimik, Gestik).

b) **Sprecht den Dialog mit verteilten Rollen oder dreht einen Kurzfilm des Dialogs mit dem Smartphone.**

1 **Was beabsichtigt Hannah mit dem Gespräch mit Alina?**

2 **Was fühlt Alina, als sie gemerkt hat, dass ihre Bilder hochgeladen worden sind? Beschreibe in einem Tagebucheintrag, wie es ihr am Ende des Tages geht.**

3 **Was unternimmt Alina, nachdem ihre Bilder veröffentlicht worden sind?**

4 **a) Was kann Alina in dieser Situation noch alles tun? Überlegt gemeinsam und sammelt an der Tafel Ideen, wie Alina die Situation lösen kann.**

Diese Hinweise dienen für die Diskussion als Ausgangspunkt:

erwachsene Vertrauensperson • Plattform oder Anbieter kontaktieren • Strafanzeige stellen

b) Entwickelt dann für Alina einen Plan, was sie alles tun kann und wie sie vorgehen sollte.

1 Welche Arten von Briefen kennst du?

____

____

2 Was ist eigentlich ein Brief? Sammelt an der Tafel Ideen für eine Definition und formuliert sie dort.

3 Finde drei Gründe, warum Flo einen Brief an Luke geschrieben hat und keine WhatsApp-Nachricht oder E-Mail.

____

____

4 Alina nimmt Flos Heft mit nach Hause und gibt es nicht zurück. In dem Heft findet Alina einen handgeschriebenen Brief. Schnell erkennt sie, dass er von Flo stammt. Darf sie den Brief lesen? Kreuze an, was du für richtig hältst.

- ☐ Es ist nicht fair, dass Alina den Brief liest.
- ☐ Alina hätte das Heft sofort zurückgeben müssen, ohne den Brief zu lesen.
- ☐ Der Brief ist nicht verschlossen in einem Briefumschlag, deswegen verletzt sie nicht das Briefgeheimnis und darf ihn lesen.
- ☐ Man muss auch Dinge lesen, die einen nichts angehen, damit man den Überblick behält.

5 Welche Gründe gibt es heute noch, einen Brief zu schreiben statt einer Handynachricht oder E-Mail?

____

____

6 Spezialwissen: Das Briefgeheimnis ist ein sehr altes Gesetz. Setze die richtigen Wörter ein.

Als Brief im Sinne des Art. 10 des Grundgesetzes ist dabei jede ______________ ______________ zwischen Absender und einzelnem Empfänger zu verstehen. Das Briefgeheimnis wird verletzt, wenn jemand einen ______________ Brief öffnet, der nicht für ihn bestimmt ist. Auch ______________ und E-Mails fallen eigentlich unter das Briefgeheimnis. Da sie jedoch nicht verschlossen sind, kann man beim Lesen nicht das Briefgeheimnis verletzen. Das Briefgeheimnis gilt genauso für ______________. Wenn sie mit einem ______________ gesichert sind, wird das Briefgeheimnis verletzt, wenn sie jemand dennoch öffnet. In Deutschland wurde das Briefgeheimnis bereits im 17. Jahrhundert angewendet. In Frankreich stand zeitweilig sogar die ______________ darauf. Zur Zeit des Nationalsozialismus war in Deutschland das Gesetz wie viele andere Bürgerrechte außer Kraft gesetzt.

schriftliche Mitteilung • Postkarten • Schlüssel • Tagebücher • Todesstrafe • verschlossenen

1 **Nenne zwei Gründe: Warum entscheidet sich Alina, den Inhalt von Flos Brief nicht weiterzuverbreiten?**

2 **Was denkt Alina über die Beziehung von Luke und Flo? Gib ihre Gedanken in deinen eigenen Worten wieder.**

3 **Alina weiß immer noch nicht, wer die Bilder von ihr gepostet hat. Warum veröffentlicht der Täter die Bilder mit einem anonymen Account und nicht unter seinem eigenen Namen? Kreuze an.**

- ☐ Er will nicht von Alina erkannt werden.
- ☐ Er will die Spannung aufrechterhalten.
- ☐ Er will verhindern, dass ihn jemand zum Löschen der Bilder zwingt.

4 **Spezialwissen: Hier sind zwei weitere Gründe, die der Täter selbst vielleicht gar nicht kennt. Erläutere, was damit gemeint ist, und veranschauliche deine Antwort mit einem Beispiel.**

1) Er verletzt die Urheberrechte des Fotografen der Bilder.

2) Er macht sich strafbar, weil er intime Aufnahmen eines anderen Menschen postet.

1 **Grit spricht im Fahrradkeller mit Tom. Was möchte sie erreichen? Fasse ihre Gefühle zusammen und beschreibe ihre Ziele.**

2 **Warum ist Tom bereit, das Training abzusagen?**

- ☐ Er hat sowieso keine Lust zu spielen.
- ☐ Er ist in Grit verliebt und möchte jede Minute mit ihr verbringen.
- ☐ Er ist so nervös, dass er nicht gut spielen würde.
- ☐ Er trifft sich mit Grit, damit sie ihn nicht verrät.

3 **a) Beschreibe Toms Gefühle gegenüber Grit.**

b) Erkläre, warum sich Tom so verhält.

c) Bewerte sein Verhalten in einem Satz und begründe deine Meinung.

4 **Nehmen wir an, du hättest das Gespräch der beiden zufällig mitbekommen. Als Grit gegangen ist, gehst du zu Tom und sprichst ihn an. Was würdest du ihm sagen? Überlege dir, bevor du zu schreiben beginnst, einen Plan, der Toms Schwierigkeiten auflösen könnte.**

Hallo Tom, ich bin ____________. Hör mal, ich habe das gerade mitgehört und ich finde, ____________

„Es war, als sei ihr Zimmer eine Insel, die auf einem Meer trieb, und nirgendwo war ein Ufer zu sehen."

1 a) **Beschreibe kurz die Gefühle von Alina, als sie am Nachmittag allein zu Hause ist.**

____

____

____

b) **Welche Gründe hat sie dafür?**

____

____

____

2 **Sollte Alina ihren Account löschen oder behalten?**
Diskutiert die Frage in der Klasse, findet Argumente dafür und dagegen.

dafür	dagegen

Am Ende des 3. Kapitels fährt Alina zum Fußballplatz, um mit Tom zu sprechen.
Was kann Alina noch tun, um ihre Situation in den Griff zu bekommen?

3 a) **Sammelt gemeinsam Möglichkeiten, was sie tun kann.**

b) **Diskutiert dann die Situation von Alina. Was kann man tun, um nicht in so eine Situation zu geraten?**

c) **Stellt Regeln auf, die einen schützen, wenn man sich im Internet ohne Angst bewegen will.**

1 Wovor hat Flo Angst, wenn der Brief gefunden wird?

Er hat Angst, dass ______________________________

Alina hat noch den Brief und Flos Physikheft. Um die Situation zu lösen, spricht sie mit Flo.

2 Fasse das erste Gespräch zwischen Alina und Flo in zwei Sätzen zusammen.

____

____

In diesem Gespräch erlebte Flo, wie sich sein Brustkorb zusammenzog und Tränen in seine Augen stiegen, ohne dass er traurig war. „Sie weiß es, dachte er, aber woher?"

3 a) Was kann Alina Flos Meinung nach wissen?

____

____

b) Wie verändert sich ihre Haltung im zweiten Gespräch, das sie nach der Schule führen?

____

c) Flo erzählt Alina, dass er in Luke verliebt ist. Was aber erzählt Flo nicht? Warum erzählt er es ihr nicht?

____

____

Alinas Vater surft im Internet auf den Plattformen, auf denen sich auch Alina aufhält.
Dabei findet er sehr persönliche Informationen über Alina.

4 Wähle einen der unten stehenden Sätze und finde eine Begründung: Wäre es schlimmer und ein größerer Vertrauensbruch gewesen, wenn Alinas Vater ihr Tagebuch gefunden und gelesen hätte. Warum?

Es wäre schlimmer, weil ______________________________

Es wäre genauso schlimm, weil ______________________________

Es wäre weniger schlimm, weil ______________________________

5 Beurteile, ob das Verhalten von Alinas Vater grundsätzlich richtig ist. Sollen Eltern die Social-Media-Aktivitäten ihrer Kinder kontrollieren und Zugang zu ihren Chats haben? Suche zwei Argumente dafür und zwei dagegen und schreibe deine eigene Meinung.

1 **Wie entwickeln sich die Gefühle, die Flo gegenüber Luke empfindet? Fasse die Erzählung von Flo zusammen.**

____

____

2 a) **Was ist eigentlich Homosexualität? Fülle die Lücken mit unten stehenden Wörtern.**

Das ____________ Homosexualität ist eine ____________________. Sie stammt aus dem 19. Jahrhundert, verbindet das ______________ Wort „homoios" für „gleichartig, gleich" mit dem lateinischen „sexus" für weibliches oder ______________ Geschlecht. Mit Homosexualität wird ____________________ sexuelles Verhalten, Liebe, ________________ und Begehren gegenüber Personen des eigenen ________________ bezeichnet.

gleichgeschlechtliches • Geschlechts • Wortneubildung • männliches • Wort • Romantik • griechische

Homosexuelle werden immer noch diskriminiert, auch wenn sie inzwischen in Deutschland rechtlich weitgehend gleichgestellt sind. Homosexuelle Männer werden als Schwule, Schwuchteln und Tunten bezeichnet. Warum geschieht das?

b) **Finde mindestens zwei Gründe, warum Menschen Homosexuelle diskriminieren.**

____

3 a) **Flo erzählt Alina, dass er in Luke verliebt ist. Er erzählt das zum ersten Mal. Wie nennt man diesen Vorgang, der für Homosexuelle oft ein wichtiger Moment in ihrem Leben ist? Ordne die Buchstaben, dann findest du den Begriff dafür.**

o u c i m g o n t

b) **Suche nach einer Definition für den Begriff.**

4 a) **Spezialwissen: Bis wann waren sexuelle Handlungen zwischen Männern in der Bundesrepublik Deutschland verboten?**

☐ 1945 ☐ 1968 ☐ 1994

b) **Seit wann dürfen homosexuelle Frauen und Männer heiraten?**

☐ 1994 ☐ 2017 ☐ Gar nicht

c) **In wie vielen Ländern gibt es 2018 antihomosexuelle Gesetze?**

☐ nirgendwo ☐ 17 ☐ 72

5 **Alina wendet sich an dich als Mitarbeiter einer Beratungsstelle, weil sie Hilfe sucht, und schildert Flos Situation. Sie bittet dich, einen Brief an Flo zu schreiben. Was würdest du Flo antworten?**

1 Fasse das Gespräch zwischen Grit und Hannah mit eigenen Worten zusammen.

____

____

____

2 Beurteile das Verhalten von Grit, Hannah und Tom in jeweils einem Satz.

Grit: ____

Hannah: ____

Tom: ____

Flo schlägt Alina auf dem Weg zur Schule vor, dass sie am Nachmittag nach der Figur suchen sollen.

3 Welche Nachteile hat Flos Plan? Nenne mindestens drei.

____

____

____

4 a) Was könnten Flo und Alina noch tun, um die Situation zu lösen? Überlege, was du getan hättest. Gliedere deinen Plan in Stichpunkten.

b) Diskutiert in der Klasse die verschiedenen Lösungsmöglichkeiten und ihre Vor- und Nachteile.

5 Tom spricht am Schluss der Geschichte nur kurz mit Alina. Lass Tom einen Brief schreiben, in dem er seine Gefühle und Gedanken ausführlicher schildert und erklärt, warum er sich Alina gegenüber so verhalten hat.

Liebe Alina, ____

____

____

____

____

____

____

In einem Interview sagt eine Jugendliche: „Instagram ist mein Leben."

1 **Beschreibe, was sie damit meint.**

2 **a) Führe eine Woche lang ein Social-Media-Tagebuch.**
Schreibe auf, wie lange und auf welchen Plattformen du online gewesen bist.

b) Was hättest du in dieser Zeit sonst alles tun können?

3 **Gruppenarbeit:**

a) Bildet Arbeitsgruppen von drei bis vier Schülern. Es können zu jeder Frage auch zwei Arbeitsgruppen gebildet werden. Jede Arbeitsgruppe bekommt eine Frage. Überlegt gemeinsam und schreibt die Antworten ohne Namen auf Zettel. Dann werden die einzelnen Antworten angepinnt.

- Welche Plattformen verwendet ihr zu welchem Zweck?
- Was gefällt euch bei der Nutzung sozialer Medien?
- Was gefällt euch nicht bei der Nutzung sozialer Medien?
- Habt ihr schon einmal schlechte Erfahrungen mit sozialen Medien gemacht?
- Worauf sollte man bei der Nutzung sozialer Medien achten?

b) Fallen Mitgliedern anderer Gruppen weitere Antworten ein? Diskutiert dann die Antworten auf die einzelnen Fragen.

„Du bist, wie du bist. Aber du musst selber wissen, wie viel du von dir preisgibst“, sagt Alina am Schluss zu Flo.

4 Was darf man posten, wenn man sich sicher im Internet bewegen will? Mach den Social-Media-Check:

	ja	nein	warum
Partyfotos			
Urlaubsfotos			
Sprüche über Alkohol			
Haustierfotos			
sein Essen			
tägliche Gewohnheiten			
Adresse			
Klarname			
genaue Orte/Geodaten			
die schönste Jeans, die man hat			
Spitzname			
Beleidigungen			
Daten von anderen Personen			

AB 1.1

2 Musik hören, recherchieren, Kontakte mit Freunden, Spiele

5 Nach der DAK-Studie werden soziale Medien täglich 166 Minuten genutzt, nach der JIM-Studie beläuft sich die Onlinenutzung auf 214 Minuten, im Ergebnis also 2–3 Stunden.

AB 1.2

1 Soziale Medien sind ein Sammelbegriff für digitale Angebote wie soziale Netzwerke (Snapchat, Facebook), Blogs (Twitter, Instagram), Wikis oder Messenger-Dienste (WhatsApp).

2 Soziale Medien ermöglichen es, eigene Inhalte wie Fotos, Bilder oder Videos online zu veröffentlichen. Sie werden genutzt, um Beziehungen mit anderen zu pflegen, sich auszutauschen, sich selbst darzustellen oder sich zu orientieren.

3 Vorteile: Man ist immer erreichbar, Entfernungen spielen keine Rolle.
Nachteile: Man ist nicht persönlich da, man kann falsch verstanden werden.

AB 2

1 **a)** nicht dazu gehören: Verräter, Neffe, Komplize (Mittäter bei einer Straftat)

Die Liste könnte so aussehen: beste/-r Freund/-in – Freund – Mitschüler/-in – Kumpan (Kamerad bei bestimmten Unternehmungen) – Gegenspieler – Gegner – Feind.

2 gemeinsame Gedanken haben, obwohl man zu zweit ist; darüber hinaus aber auch ähnlich zu empfinden und gemeinsame Vorstellungen über das Leben zu haben

3 Alina – Tom: Alina ist in Tom verliebt und möchte mit ihm zusammen sein.

Flo – Luke: Flo macht, was Luke will, weil er von ihm akzeptiert werden will.

Luke – Tom: Die beiden sind Freunde, verbunden durch ihren Sport.

Grit – Hannah: Die beiden sind beste Freundinnen.

Hannah – Alina: Hannah war früher Alinas beste Freundin.

Grit – Alina: Grit ist die Konkurrentin von Alina, was Tom und Hannah betrifft.

4 Grit drängt sich zwischen Alina und Hannah und versucht, Alina auszugrenzen. Ihr Verhalten mag verständlich sein, ist aber nicht positiv, weil sie auf Kosten von Alina handelt.

5 Diese Frage zielt darauf ab, den Unterschied zwischen direkter menschlicher Kommunikation und Onlinekommunikation deutlich zu machen. Nicht alles eignet sich dafür, es online zu erzählen, z. B. intime und persönliche Angelegenheiten. Der Begriff Freund ist im Onlinebereich nur eine oberflächliche Bezeichnung und bedeutet nicht unbedingt, dass tatsächlich eine persönliche Freundschaft besteht.

AB 3

1 Wenn man in jemanden verliebt ist, muss man ständig an ihn denken, ohne dass man es will. Liebe bedeutet vor allem auch Verlangen nach körperlicher Nähe. Freundschaften beginnen oft nebenbei, Liebe plötzlich in einem Moment. Freundschaften gehen oft langsam auseinander, Liebe zerbricht oft plötzlich und sehr dramatisch.

2 Alina möchte ihm etwas Besonderes schenken, um ihm zu zeigen, dass ihre Gefühle für ihn außergewöhnlich sind. Zudem hofft sie, ihn mit ihrem Aussehen und Körper zu locken.

3 dafür: Sie zeigt ihm, wie sehr sie ihn mag. / Er soll sich von ihren Fotos und ihrem Körper beeindrucken lassen. / Sie muss keine schwierigen, kitschig wirkenden Worte aussprechen.

dagegen: Sie stellt ihren Körper, aber nicht sich als Mensch in den Vordergrund. / Es ist gefährlich, weil er die Bilder an andere verschicken kann. / Die Fotos stellen nicht ihr normales Aussehen dar, sondern wurden mit Filtern und anderen technischen Mitteln verändert.

4 Briefe schreiben, mit ihm reden; sich mit ihm verabreden, gemeinsame Dinge unternehmen und ihm dabei nah sein; ihm etwas von sich schenken

AB 4

1 Sexting bezeichnet das Versenden von Fotos oder Videos mit Smartphones oder Computern, auf denen die eigene Person in erotischer Pose, z. B. in Badekleidung, Unterwäsche, ganz oder teilweise nackt dargestellt ist.

2 Weitergabe, lächerlich machen, Mobbing, Isolation, Erpressung

4 Alina macht sich nicht strafbar, denn die Aufnahmen sind nicht pornografisch (zeigen keine sexuellen Handlungen, Genitalien oder das Gesäß) und haben einen ästhetischen Anspruch. Zudem machen sich weder Kinder noch Jugendliche strafbar, indem sie Fotos versenden, die sie von sich selbst aufgenommen haben. Dies gilt nicht für das Versenden durch andere ohne Einverständnis der aufgenommenen Person.

AB 5

1 Sie ist wütend, weil Tom nicht auf die Bilder reagiert und ihr Plan nicht aufgeht, während Grit und Hannah mehr Möglichkeiten haben, ihm nahe zu sein. Sie ist enttäuscht, will sich dafür rächen.

2 richtig: 4,6. falsch: 1, 2, 3, 5, 7

3 a) Flo ist 13. Sie muss Flo und seine Eltern fragen (zwischen 13 und 16).
b) Flo ist 12: Sie muss nur seine Eltern fragen (unter 13).
Flo ist 16: Sie muss nur Flo fragen (über 16).

AB 6

1 Sie will, dass Alina Tom in Ruhe lässt. Sie will nicht, dass Alina mit Grit weiter Ärger hat. Sie will sich bei Grit beliebt machen.

3 Sie überlegt, was sie tun soll. Aber ihre Verzweiflung ist so groß, dass sie zu keinem Handeln fähig ist. Schließlich versucht sie, mit Tom zu sprechen, den sie verdächtigt.

AB 7

1 persönlicher Brief, sachlicher Brief; Brief an Freunde/ Familie, Abschiedsbrief, Liebesbrief, Trauerbrief, Einladung, Glückwunschbrief, Genesungsbrief, Briefe vom Amt, Rechnungen, Bewerbung

2 Ein Brief ist eine schriftliche Mitteilung. Wenn eine Privatperson an eine andere Privatperson schreibt, ist es ein persönlicher Brief. Schreibt eine Privatperson an eine offizielle Stelle (Behörde, Firma, Institution), dann ist es ein sachlicher Brief.

3 Er kann in Ruhe formulieren. / Der Brief erreicht Luke persönlich. / Der Brief ist etwas Besonderes.

4 Die Antworten 1 und 2 sind richtig, Antwort 3 ist juristisch richtig, wenn auch nicht moralisch geboten. Antwort 4 ist falsch.

5 Ein Brief ist etwas Besonderes. Der Verfasser gibt vieles preis, gibt sich beim Schreiben Mühe. Der Stil der Formulierungen ist wichtig. Wenn man schreibt, nimmt man sich Zeit, an den anderen zu denken. Man kann nachträglich etwas an den Rand schreiben oder malen.

6 Als Brief im Sinne des Art. 10 des Grundgesetzes ist dabei jede schriftliche Mitteilung zwischen Absender und einzelnem Empfänger zu verstehen. Das Briefgeheimnis wird verletzt, wenn jemand einen verschlossenen Brief öffnet, der nicht für ihn bestimmt ist. Auch Postkarten und E-Mails fallen eigentlich unter das Briefgeheimnis. Da sie jedoch nicht verschlossen sind, kann man beim Lesen nicht das Briefgeheimnis verletzen. Das Briefgeheimnis gilt genauso für Tagebücher. Wenn sie mit einem Schlüssel gesichert sind, wird das Briefgeheimnis verletzt, wenn sie jemand dennoch öffnet. In Deutschland wurde das Briefgeheimnis bereits im 17. Jahrhundert angewendet. In Frankreich stand zeitweilig sogar die Todesstrafe darauf. Zur Zeit des Nationalsozialismus war in Deutschland das Gesetz wie viele andere Bürgerrechte außer Kraft gesetzt.

AB 8

1 Sie will den Brief für einen Handel mit Flo benutzen. / Sie hat keine Freunde, denen sie vertraut.

3 Die Antworten 1 und 3 sind richtig.

4 1) Die Bilder sind geistiges Eigentum von Alina, auch wenn er sie kopiert hat und besitzt. Er verletzt ihre Eigentumsrechte (auf meiner Homepage darf ich keine Bilder posten, wenn ich sie nicht selbst gemacht oder die Erlaubnis eingeholt habe).

2) Es ist verboten, intime Aufnahmen eines anderen Menschen zu versenden oder zu veröffentlichen, weil es das Persönlichkeitsrecht des Menschen und das Recht des „höchstpersönlichen Lebensbereiches“ verletzt. In diesem Fall muss der Täter mit einer Geld- oder Haftstrafe rechnen.

AB 9

1 Sie ist in Tom verliebt. Gleichzeitig hat sie Angst vor ihrem Vater. Ihre Ziele: Sie will mit Tom den Nachmittag verbringen, aber auch die Sache mit dem Affen aus der Welt schaffen, um ungestört mit Tom zusammen sein zu können.

2 Antwort 4 ist richtig.

3 a) Tom ist nicht in Grit verliebt, obwohl er sich vorstellen könnte, mit ihr zusammen zu sein.

b) Tom hofft, dass er sie davon abhalten kann, Luke, Flo und ihn bei ihrem Vater als Schuldige darzustellen. Er hat Angst und deswegen lügt er sie an und tut so, als sei er in sie verliebt.

c) Tom verhält sich Grit gegenüber nicht fair, weil er nur an sich denkt, aber nicht an Grits Gefühle.

AB 10

1 a) Alina ist unsicher und traurig, weil sie ungerecht behandelt wurde. Sie kann nichts dafür, dass ihre Bilder im Netz gepostet wurden, wird aber dafür beschimpft. Sie hat das Gefühl, nicht mehr dazuzugehören. Deswegen nimmt sie nicht mehr am sozialen Leben teil und fühlt sich einsam.

b) Ihre Freunde und Mitschüler haben sich über sie lustig gemacht. Sie ist durch die Kommentare zu den Bildern verunglimpft worden. Tom hat nicht auf ihre Bilder reagiert.

2 dafür: Sie ist keinen weiteren Kommentaren mehr ausgesetzt. / Sie setzt ein Zeichen, dass sie nicht mehr in dieser Weise leben will. / Sie kann wieder auf andere Weise mit ihren Freunden zusammen sein.

dagegen: Sie sieht nicht, was noch von ihr gepostet wird. / Es macht den Eindruck, dass sie beleidigt ist. / Sie verliert noch mehr Freunde.

3 a) Sie kann mit ihrem Vater reden oder mit dem Schulpsychologen. Oder sie kann sich an eine Beratungsstelle wenden. Auf jeden Fall sollte sie zusätzlich Hilfe bei einem Erwachsenen suchen.

b) Die eigene Handynummer nicht achtlos weitergeben und so sparsam wie möglich Daten weitergeben. Einstellungen zur Privatsphäre am Handy machen, Konflikte persönlich lösen und nicht im Gruppenchat, bei Mobbingfällen aus den Gruppen austreten und den Täter blockieren. Die Persönlichkeits- und Urheberrechte von anderen beachten. Sichere Passwörter wählen und nur auf Kontakte antworten, die echt und seriös sind oder persönlich bekannt.

AB 11

1 Er hat Angst, dass seine Homosexualität bekannt wird, seine Eltern und seine Freunde davon erfahren, dass man sich über ihn lustig macht und ihn diskriminiert.

2 Alina redet mit Flo über Luke. Sie dringt in ihn, warum er sich von Luke unterdrücken lässt, und will herausbekommen, wer die Fotos von ihr gepostet hat.

3 a) Flo glaubt, dass Alina weiß, dass er es war, der die Fotos weitergegeben hat, und dass er in Luke verliebt ist.

b) Alina ist bereit, sich zu entschuldigen, und gibt ihm den Brief zurück. Dadurch reagiert Flo offener und ist bereit, Alina von seiner Liebe zu Luke zu erzählen.

c) Er erzählt ihr nicht, dass es auf den Fotos um die Bronzefigur geht. Er erzählt es nicht, weil er Luke und seinen Bruder schützen will. Auch sagt er nicht, dass Luke die Fotos gepostet hat, weil er in ihn verliebt ist und ihn nicht verraten will.

4 Es wäre schlimmer, weil er wüsste, dass sich dort Informationen befinden, die nur für sie selbst bestimmt sind. Es wäre genauso schlimm, weil es seine Absicht ist, Alina zu kontrollieren. Es wäre weniger schlimm, weil das Internet öffentlich ist.

5 dafür: Kinder/Jugendliche können oft nicht einschätzen, was ihnen im Internet begegnet. Eltern haben einen Erziehungsauftrag. Sie können ihre Kinder unterstützen und ihnen helfen.

dagegen: Es ist das persönliche Leben der Kinder und Jugendlichen, auch wenn sie minderjährig sind.

AB 12

1 Flo war anfangs nicht sofort in Luke verliebt. Er verliebte sich in Luke, als der zu Tom zu Besuch kam. Flo hat ein großes Bedürfnis nach Nähe empfunden, weiß aber nicht mehr, wann er gemerkt hat, dass er in Luke verliebt ist.

2 a) Das Wort Homosexualität ist eine Wortneubildung. Sie stammt aus dem 19. Jahrhundert, verbindet das griechische Wort „homoios“ für „gleichartig, gleich“ mit dem lateinischen „sexus“ für weibliches oder männliches Geschlecht. Mit Homosexualität wird gleichgeschlechtliches sexuelles Verhalten, Liebe, Romantik und Begehren gegenüber Personen des eigenen Geschlechts bezeichnet.

b) Manche halten Homosexualität für eine Krankheit, die bei Jungen auftritt. Ein homosexueller Junge hat angeblich weniger Kraft als ein heterosexueller Junge, und Kraft gehört zum Selbstbild des Mannes. Manche Menschen finden es ekelhaft, wenn sich zwei Männer küssen, oder sie empfinden es aus religiösen oder ethischen Gründen als unmoralisch. Homosexuelle Männer verunsichern Männer, weil sie Männer begehren.

3 a) Coming-out

b) Mit Coming-out bezeichnet man den Zeitraum, in dem schwule Männer oder lesbische Frauen sich ihrer homosexuellen Identität bewusst werden und nun langsam ihr soziales Umfeld darüber in Kenntnis setzen. Dabei unterscheidet man zwei Phasen: das „innere Coming-out“, in dem der Betroffene sich seiner Homosexualität bewusst wird und vor sich selbst anerkennt, sowie das „äußere Coming-out“, in dem er damit schrittweise an die Öffentlichkeit geht. Zuerst teilen sich die Betroffenen meist engen Freunden mit, also Personen, bei denen das Risiko gering erscheint, sie durch das Coming-out zu verlieren. Später erfährt auch ein größerer Personenkreis davon.

4 a) 1994, b) 2017, c) 72

AB 13

1 Grit erzählt Hannah, dass sie auf Druck ihres Vaters Alina verdächtigt hat, den Affen genommen zu haben.

2 Grits Verhalten ist hinterhältig gegenüber Alina, weil sie keinen Grund hat, sie zu verdächtigen.

Hannahs Verhalten ist ebenfalls nicht positiv zu bewerten, da sie sich aus der Sache heraushält, obwohl sie Zweifel an Alinas Schuld hat.

Toms Verhalten ist nicht gutzuheißen, da er ebenfalls Grit zustimmt und einen fadenscheinigen Grund dafür vorbringt.

3 Nachteile von Flos Plan: Sie könnten entdeckt werden. / Es ist verboten, in einen fremden Garten unerlaubt einzudringen. / Alina kann nicht erklären, woher die nasse Kleidung kommt. / Sie könnten im Fluss ertrinken. / Sie finden die Figur vielleicht nicht, weil sie in Eile sind.

4 a) Alina könnte zugeben, wo sich die Figur befindet, auch wenn sie sich dadurch weiteren Ärger einhandelt.

AB 14.1

1 Kommunikation und Identitätsfindung laufen bei vielen Jugendlichen in hohen Anteilen über soziale Medien. Sie finden in ihnen unkontrollierte Freiräume, in denen sie Grenzen überschreiten können, sowie Peergroups und Bestätigung der eigenen Identität.

AB 14.2

4 ja: Haustierfotos / sein Essen/ die schönste Jeans / Spitzname / Urlaubsfotos

nein: Sprüche über Alkohol / Partyfotos / Adresse / Beleidigungen / Daten von anderen Personen / genaue Orte / Geodaten / Klarname / tägliche Gewohnheiten